Évry

La cathédrale
de la Résurrection

par Emma Lavigne
historienne de l'art

Évry

La cathédrale
de la Résurrection

Cylindre de brique couronné d'arbres, la cathédrale ✦
de la Résurrection, construite de 1992 à 1995
par l'architecte suisse Mario Botta, apparaît fort
éloignée de l'idée que l'on se fait d'une cathédrale,
à jamais gothique dans notre imaginaire !

Refusant tout pastiche architectural, cet édifice
résolument contemporain n'en dialogue pas moins
avec la grande tradition de l'architecture religieuse
occidentale. « Héritière du grand passé – affirme
Botta –, sa typologie, à la manière d'un kaléidoscope,
présente de multiples facettes où chacun peut
retrouver les traces architecturales et iconographiques
d'une civilisation millénaire. »

Ces références historiques latentes, associées aux
formes architecturales et techniques de construction
les plus avant-gardistes, caractérisent cet édifice
exceptionnel et polémique qui répond à un véritable
défi architectural, spirituel et urbain.

Croix cardinales,
œuvre de Jorge Orta
réalisée pour
l'inauguration
de la cathédrale
en 1996.

Vingt-deux frises
de lumière et onze
bornes sonores
témoignent
de l'universalité
du symbole
de la croix, « geste
le plus ancien et le
plus répandu dans
l'histoire humaine ».

Page 4 : esquisse
de la vue d'ensemble,
1991.

Les termes suivis d'un quadrilobe ✦ sont expliqués dans le glossaire en fin d'ouvrage.

Histoire

Extérieur

Intérieur

Annexes

Une nouvelle cathédrale à l'aube du XXIᵉ siècle

1. Maquette du projet dans son état définitif - bois, 1994.

2. Tabourets devant le vitrail du chœur.

3. Le campanile en avancée avec trois des cinq cloches.

2

3

La construction de la cathédrale a été décidée en 1988 par l'Association diocésaine de Corbeil-Essonnes et l'Établissement public chargé de l'aménagement de la ville nouvelle✦ d'Évry (EPEVRY). Elle est le fruit d'une longue réflexion sur la nécessité d'offrir à cette agglomération – devenue préfecture du département de l'Essonne créé en 1964 – un lieu de culte pour le siège épiscopal et les fidèles qui réponde au dynamisme démographique.

Construire une cathédrale représentait un défi voire une provocation alors que l'Église catholique, confrontée à la déchristianisation, se préoccupait davantage de réutiliser les lieux de culte existants que d'en créer de nouveaux. L'ostentation et la monumentalité architecturales n'étaient plus guère à l'ordre du jour dans les années soixante-dix et quatre-vingt: les rares nouveaux édifices religieux tendaient par leurs formes et leurs dimensions modestes à se fondre dans le paysage urbain, comme c'est le cas pour la cathédrale Notre-Dame de Créteil.

Bien que la communauté catholique d'Évry ne compte que 5 % environ de pratiquants face à une communauté musulmane en plein essor, le projet de la cathédrale s'est affirmé d'emblée dans sa vocation œcuménique: offrir « une âme à une cité sans âme » et un repère spirituel essentiel dans le paysage urbain. Ainsi la cathédrale continue-t-elle d'être liée à notre représentation de la ville. « Notre imaginaire de la ville occidentale doit beaucoup à la présence des cathédrales qui l'ont pendant des siècles dominée de leur masse, lui ont donné sens et signification », analyse Alain Erlande-Brandenburg.

Une idée chère à Mario Botta, qui conçoit la cathédrale comme une présence emblématique dans la ville nouvelle : « La cathédrale trouve dans la ville sa raison d'être, et réciproquement la ville trouve dans sa cathédrale une identité nouvelle. »

En 1988, conquis par les édifices religieux déjà réalisés par Botta, Mgʳ Guy Herbulot, évêque d'Évry et président de l'Association diocésaine, lui demande d'édifier la cathédrale.

1

1

De la maison à la cathédrale

Lorsqu'il a été choisi et a présenté le projet de construction de la cathédrale d'Évry, Botta est à quarante-cinq ans un architecte mondialement connu qui jouit d'une grande renommée en France. Parallèlement à des programmes d'envergure, la construction de maisons individuelles reste le thème privilégié de sa création : elle lui permet de définir un langage architectural dont de nombreux éléments se retrouvent dans les petites églises de montagne qu'il construit dans sa région natale du Tessin et qui sont repris à la cathédrale d'Évry : l'ancrage de l'édifice au site ; la condamnation de la fenêtre au profit d'une redéfinition des ouvertures taillées dans la paroi ; la tension entre l'aspect hermétique de la paroi extérieure et la luminosité des espaces intérieurs ; la prédilection pour les formes circulaires.

C'est à partir de ses projets d'architecture domestique que Mario Botta mûrit le programme des édifices religieux pour lesquels il est sollicité dès 1986. La reconstruction de la petite église de Mogno, détruite par une avalanche, représente une étape clé dans son parcours.

Elle lui permet de définir sa réflexion sur l'architecture religieuse : d'emblée, l'architecte pense « au projet de la maison de Dieu avec l'espoir de construire la maison de l'homme » et conçoit l'église comme un «espace situé entre terre et ciel où l'homme doit pouvoir retrouver à la fois ses besoins archaïques de protection et son aspiration à la méditation, au silence et à l'ouverture».

Si la filiation du programme de l'église de Mogno avec les maisons de Botta apparaît clairement – dans le choix de la forme cylindrique et des matériaux qui semblent provenir du site même –, une évolution évidente se manifeste pourtant dans le caractère nettement symbolique de l'architecture de cette église qui porte les stigmates de sa destruction antérieure. Carapace de pierre affrontant la nature, elle témoigne également de sa fragilité à travers la brutale inclinaison de la paroi et dans la précarité de la toiture en verre qui semble abandonner l'église aux forces de la nature dans cette région très rude. Cette petite église de montagne, aussi modeste soit-elle, porte en germe tout le programme de la cathédrale d'Évry.

1. Monte Tamaro, Tessin (Suisse), chapelle Santa Maria degli Angeli, 1990-1996. Un cylindre de pierre suspendu au-dessus du vide, une possibilité d'expression poussée à ses limites.

2. Mogno, Tessin (Suisse), église San Giovanni Battista, croquis, 1986.

3. Stabio, Tessin (Suisse), maison d'habitation, 1980-1982.

4. Chambéry (Savoie), espace culturel André-Malraux, 1982-1987.

5. Sartirana di Merate (Italie), église San Pietro Apostolo, 1987-1995.

6. Origlio, Tessin (Suisse), maison d'habitation, 1982-1983.

Les sources architecturales

1

2

Consécration de la pensée architecturale de Mario Botta, longuement mûrie à travers de nombreux projets antérieurs – maisons, églises –, la cathédrale d'Évry contient également des références qui inscrivent cet édifice profondément original dans une continuité historique. « J'aime penser que la cathédrale d'Évry est fille de la grande tradition chrétienne occidentale », affirme Mario Botta, refusant la stérile polémique entre architectes « modernistes » ✦ et « post-modernistes » ✦ et défendant au contraire une architecture intemporelle, nourrie d'un fécond dialogue avec l'architecture du passé.

Mario Botta puise dans les édifices byzantins et romans d'Italie du Nord, qu'il découvre alors qu'il étudie l'architecture à Venise, des leçons de sobriété, de solidité et une sensibilité très vive pour les formes primaires et le jeu de la matière brute sous la lumière. Il en admire la perfection des appareillages de briques, l'harmonie des plans centrés et cette maîtrise de l'espace immédiatement perceptible pour le fidèle. Considérant « l'architecture romane comme une sorte de résistance à la culture de l'éphé-mère », c'est avant tout à la puissance des chefs-d'œuvre de l'architecture romane française, tout particulièrement Tournus,

Saint-Nectaire et Vézelay, qu'il souhaite rendre hommage dans la cathédrale d'Évry. Ces références fonctionnent bien sûr davantage par analogie que comme citation directe. Cependant, l'impression de protection qui émane de ces églises romanes ainsi que leur ancrage au sol dont elles tirent leurs matériaux de construction trouvent un écho certain dans la cathédrale d'Évry, dont la typologie se réfère bien plus à la tradition romane qu'à l'élancement des cathédrales gothiques, exception faite de la cathédrale Sainte-Cécile à Albi (1282-1380).

Éloignées de tout pastiche, ces références ou analogies aux édifices du passé sont associées à des influences plus contemporaines, qui interviennent comme des vecteurs de renouveau et de dynamisme dans le processus architectural de Mario Botta. Le programme de la cathédrale d'Évry s'est ainsi nourri de l'enseignement de son compatriote Le Corbusier (1887-1965), rencontré en 1965 lors du projet (non réalisé) de l'hôpital de Venise, auquel Mario Botta collabora. Jeune architecte, il est marqué par la clairvoyance de Le Corbusier, sa capacité à anticiper l'évolution de la société par de nouvelles formes architecturales, comme notamment à la chapelle de Ronchamp,

3

4

où une architecture résolument originale permet à l'homme de vivre sa spiritualité en dehors de tout code liturgique.

Le souvenir de la chapelle de Ronchamp, « œuvre d'art total », construite par Le Corbusier en 1955, affleure dans le programme de la cathédrale d'Évry. Au-delà de leurs divergences formelles premières on peut observer des similitudes entre les deux édifices : semblable compacité qui leur donne un aspect sculptural et protecteur, utilisation du béton armé permettant de leur conférer une forte plasticité ; définition d'une « lumière intérieure » excluant la lumière latérale et la canalisant par un damier d'étroites ouvertures ; conception des vitraux et de l'ensemble du mobilier liturgique par les seuls architectes. Mario Botta, au regard du soin apporté au traitement de la lumière dans la cathédrale d'Évry, ne pourrait-il faire sienne la devise de Le Corbusier qui considérait l'architecture comme « le jeu savant, correct et magnifique des volumes assemblés sous la lumière » (*Vers une architecture,* 1923) ?

Fasciné par la construction des cathédrales gothiques (« un acte d'optimisme, un geste de courage, un signe de fierté, une preuve

de maîtrise ! »), Le Corbusier invitait les architectes à retrouver l'enthousiasme créatif des chantiers des cathédrales médiévales : « Nos cathédrales à nous ne sont pas encore dressées », rappelait-il dès 1937 dans *Quand les cathédrales étaient blanches.* Cet appel, guère entendu au lendemain de la Seconde Guerre mondiale – où, plutôt que d'inventer de nouvelles formes architecturales, on reconstruisit à l'identique les cathédrales détruites –, trouve un écho certain dans le « retour au monumental » opéré par Mario Botta dans le projet d'Évry.

La méditation de la pensée architecturale de Louis Kahn (1901-1974), pour qui l'architecture est une prise de position philosophique et spirituelle sur le monde, a été également décisive pour Mario Botta. Réagissant contre les modèles désincarnés du Style international qui dominait depuis les années cinquante la scène architecturale américaine, Louis Kahn puisa dans l'architecture tant romaine et médiévale que néoclassique les ferments d'un retour à une architecture monumentale et plastique affirmant dans le paysage urbain des formes primaires clairement identifiables.

5

Histoire

Extérieur

Intérieur

Annexes

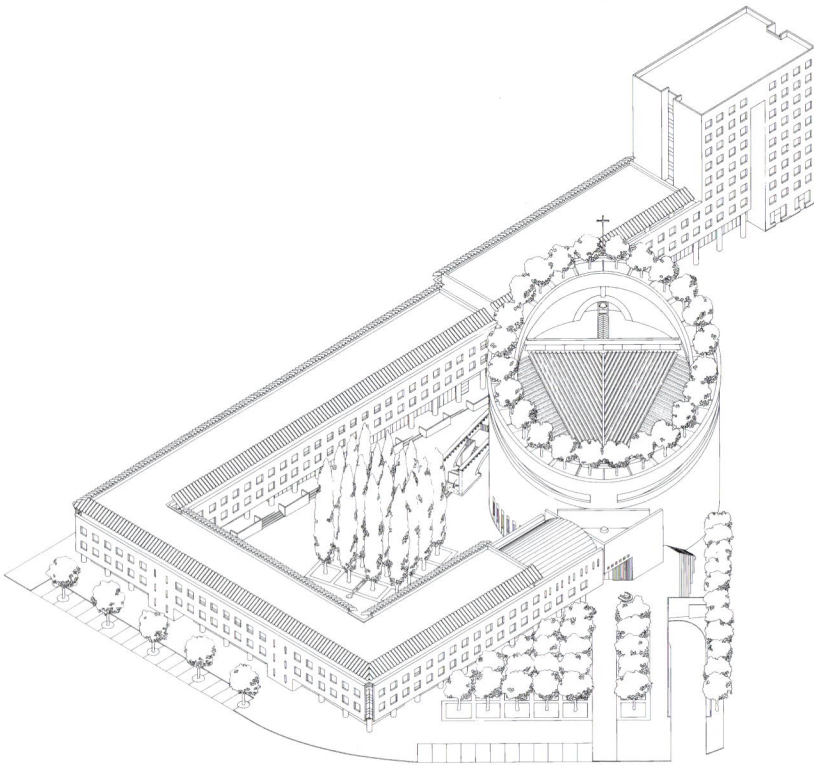

Axonométrie
de l'ensemble montrant
la cathédrale
et le complexe
de logements, bureaux
et commerces qui
forme le clos
de la cathédrale.

Autrefois, rappelle
Alain Erlande-
Brandenburg,
«la cathédrale ne
se réduisait pas au seul
monument auquel
on réserve le nom
aujourd'hui.
Elle était constituée
d'un vaste ensemble
bâti : les édifices
de culte, le palais
épiscopal, l'enclos
canonial,
les bâtiments
de services,
l'hôtel-Dieu».

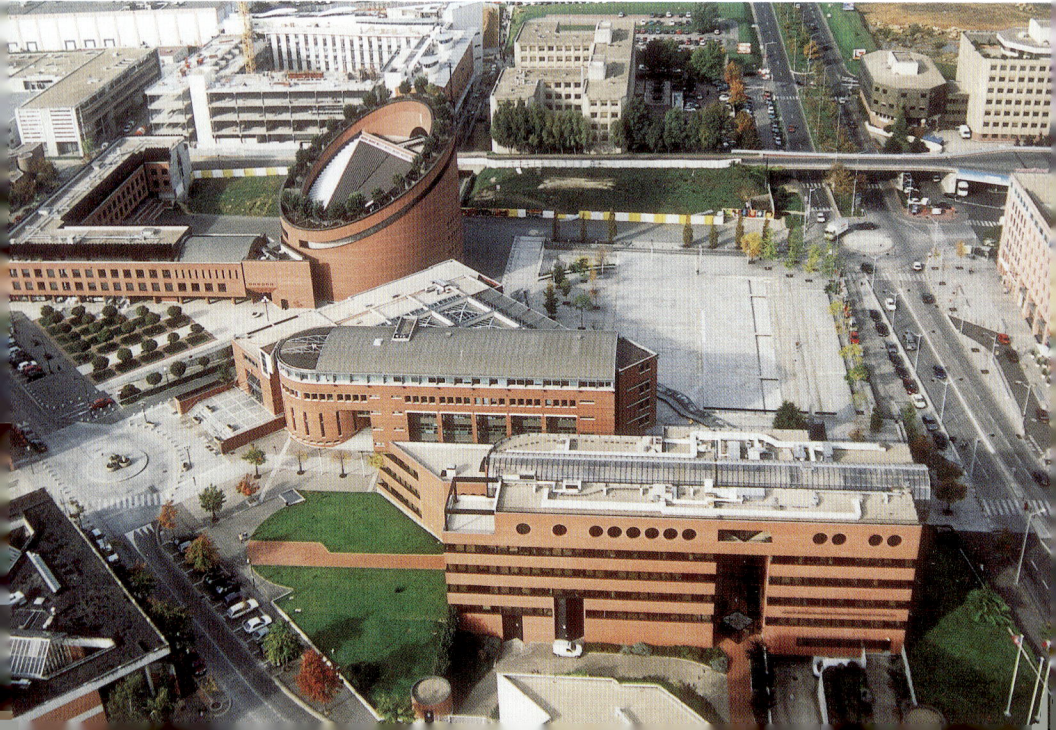

L'environnement urbain

Loin d'être isolée sur son parvis et coupée de son environnement urbain, comme les aménagements du XIXᵉ siècle nous y ont habitués, la cathédrale d'Évry apparaît au contraire organiquement liée aux bâtiments adjacents, telles que l'étaient les cathédrales médiévales. Elle se situe à 10 mètres de la mairie, sur la place des Droits-de-l'Homme et est reliée à un bâtiment bas comprenant cent logements, 6 500 m² de bureaux et 1 900 m² de commerces, formant le «clos de la cathédrale».

Pour Botta, qui conçoit la cathédrale «comme prolongement de la demeure des hommes», cette intégration était une donnée du programme d'autant plus essentielle que le projet de la cathédrale d'Évry ne pouvait se comprendre sans la création d'un centre urbain, donnant ainsi une cohérence à l'urbanisme éclaté de la ville nouvelle.
Pour mieux s'insérer dans le tissu urbain avec lequel elle fait corps, la cathédrale est construite avec la même brique que les bâtiments adjacents. Mais intégration ne signifie pas effacement, et le rapport de proportions entre les bâtiments – de 12 à 15 mètres de hauteur – et le cylindre tronqué de la cathédrale – de 17 à 34 mètres de hauteur – a été précisément étudié par l'architecte : il met en valeur la cathédrale qui apparaît comme un pivot structurant le paysage urbain et servant de repère spirituel fort.

La fonction monumentale de la cathédrale s'affirme clairement, sans triomphalisme architectural. Apparaît ensuite la séparation entre les bâtiments civils, «espace profane», et l'édifice religieux, «enceinte sacrée». Son apparence fortifiée, compacte, ménageant très peu d'ouvertures sur l'extérieur, contraste avec celle des bâtiments environnants scandés de larges fenêtres et qui ouvrent de plain-pied sur la place.

Un cylindre tronqué, couronné d'arbres

La forme cylindrique de la cathédrale peut sembler très novatrice mais elle est un leitmotiv dans les projets de Botta, au point d'avoir été critiquée et considérée comme répétitive voire interchangeable.

Dans la lignée des architectes utopistes Claude Nicolas Ledoux (1736-1806) ou Étienne Louis Boullée (1728-1799) et à l'instar de Frank Lloyd Wright (1867-1959), Louis Kahn, Le Corbusier ou Frank Gehry (né en 1929), Botta refuse la tyrannie de l'angle droit, bien souvent sclérosante…

Le cylindre répond au dessein de Botta qui souhaite qu'au regard de la « babélisation » du langage actuel et de la pluralité des écritures, l'architecture retrouve sa lisibilité. « Le cube, le cône, le cylindre, la sphère sont des éléments qu'immédiatement vous réussissez à percevoir et à reconstruire. Je trouve dans les formes primaires une clarté et un rappel à l'ordre dans le désordre, qu'il s'agisse d'une église, d'un château ou d'une maison. »

1. Évry : vue d'ensemble de la cathédrale et de l'hôtel de ville, place des Droits-de-l'Homme-et-du-Citoyen.

« Ce que j'aime dans l'architecture, ce n'est pas l'objet mais les relations spatiales, émotionnelles, qu'elle réussit à établir avec son propre environnement. »

2. San Francisco Museum of Modern Art, Californie (États-Unis), 1989/90-1995.

La monumentalité de l'édifice s'explique par sa nécessaire intégration dans le paysage urbain.

3. Mogno (Suisse), église San Giovanni Battista, 1986-1996.

La simplicité des formes extérieures cache un espace intérieur de plan complexe.

4. Évry : l'habillage de la cathédrale totalise 670 000 briques qui ont été fabriquées spécialement à Toulouse.

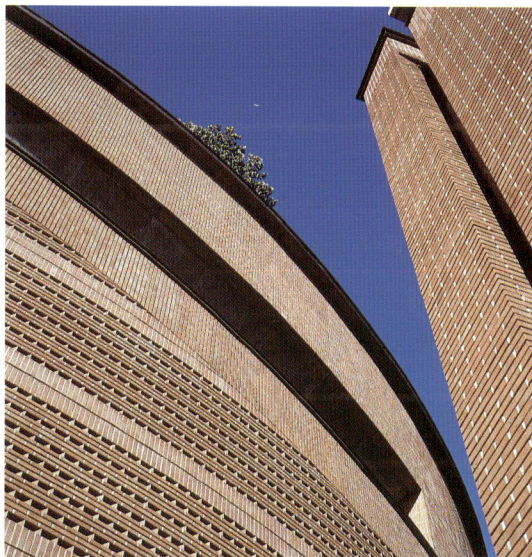

1

La forme cylindrique choisie par l'architecte, excluant par définition toute possibilité de donner une façade au bâtiment, Mario Botta l'a « dessinée au moyen de la toiture ». Le cylindre est tronqué par un pan incliné, faisant office à la fois de façade et de toiture triangulaire, qui accueille à son sommet une simple croix et une couronne de tilleuls argentés, véritable jardin suspendu.

La façade devient toiture, la toiture devient jardin. Certains interprètent cette couronne végétale comme une allusion à la couronne d'épines du Christ, mais Botta réfute ce symbolisme, pour avoir déjà utilisé ce motif qui lui est cher dans différents programmes. Il s'agit bien davantage pour lui, issu de la verdoyante région du Tessin, de faire dialoguer l'architecture de la cathédrale avec le jeu des arbres sous la lumière. « Ces arbres qui évoquent les saisons suscitent des jeux de lumière : même quand un pan de mur est à l'ombre, le soleil brille sur les arbres. » Pour les fidèles, la renaissance de la couronne d'arbres au printemps n'en reste pas moins le symbole de la Résurrection, vocable sous lequel la cathédrale a été consacrée.

1. Évry : plantation des tilleuls argentés dans les jardinières aménagées sur le pourtour du cylindre tronqué.

2. Évry : vue partielle du plan de la toiture, avec terrasse, jardinières et verrières *(non accessible au public)*.

3. Rome, mausolée d'Hadrien (IIe siècle après J.-C.), actuel château Saint-Ange - reconstitution par A. Equini (1962).

4. Projet de cénotaphe dédié à Newton, par Étienne Louis Boullée - plume et lavis, 1784 (Paris, Bibliothèque nationale de France).

5. Évry : pose de la charpente tubulaire triangulaire en 1994, après plantation des tilleuls.

2

5

Une enveloppe de brique

En faisant le tour de la cathédrale, comme ses formes rondes y invitent, l'attention est tout d'abord attirée par l'omniprésence de la brique, dont les angles arrondis et la sensualité de la couleur adoucissent l'aspect quelque peu fortifié de la cathédrale. Cette matière semble d'autant plus riche qu'elle est animée du rythme très sophistiqué de l'appareillage qui accroche la lumière.

L'apparence de l'édifice est trompeuse : un examen rapide pourrait laisser penser que les murs porteurs de la cathédrale sont réalisés en briques pleines ; cette illusion est renforcée par la massivité des murs et le fait que l'habillage est constitué de briques de format classique (5,5 x 11 x 22 centimètres) et non, comme c'est le cas dans les constructions contemporaines, de minces plaquettes de terre cuite collées sur le béton.

L'édifice est en fait constitué de deux cylindres de béton armé imbriqués, l'un de 29,30 mètres de diamètre, l'autre de 38,40 mètres ; l'espace entre les deux est occupé par les escaliers, coursives et galeries de circulation. Les briques qui habillent les murs sont mises en œuvre selon un dessin très savant qui s'adapte parfaitement aux formes complexes – courbes, arcs, ouvertures, couronnement, mur d'échiffre ✦ de l'escalier.
Ne jouant aucun rôle architectonique, la brique est utilisée ici comme « stimulant de la mémoire ». Elle est faite d'argile, le matériau à partir duquel, selon la Bible, Dieu a modelé l'homme – un matériau millénaire employé dans les premières constructions de l'humanité et comme support de l'écriture.
Le recours à la brique répond au souci de Botta de « relier » les hommes au sol, à la terre, à l'Histoire ; ce désir prend toute son importance dans une ville nouvelle dont bon nombre d'habitants sont « déracinés ».

Les vues nord-ouest et sud-ouest, l'entrée

A   Entrée

1. Vue depuis
le nord-ouest.

2. Vue depuis
le sud.

Pages 24 et 25 :
l'entrée
de la cathédrale.

L'accès à la
cathédrale semble
se dérober à la vue.
Botta impose
un parcours
« initiatique » autour
de l'édifice qui,
brusquement,
se détache
de l'orthogonalité
rigoureuse
des autres bâtiments.

L'enveloppe de brique qui semblait hermétique s'anime ici de nombreuses ouvertures étroites qui encadrent l'axe vertical de la cathédrale : l'hémicycle du vitrail représentant un arbre de vie stylisé ; puis les fenêtres en bandeaux éclairant le Centre national d'art sacré traversé par l'escalier qui permet l'accès aux différents étages ; enfin, l'oculus réinterprétant avec sobriété le motif de la rosace. Le clocher abrite cinq cloches dans une structure métallique et supporte la croix.

Depuis cet angle, la structure du bâtiment s'appréhende facilement : un décrochement laisse apparaître l'ossature en béton de la cathédrale et accueille les volées de marches menant au sommet de l'édifice. Par cette échancrure, la couronne d'arbres semble flotter au-dessus de la masse compacte de la cathédrale, et le bâtiment révèle toute sa complexité et la dualité des espaces extérieur et intérieur : la brique n'est que l'enveloppe protectrice d'un espace intérieur coulé dans une chape de béton.

L'entrée se fait par un espace triangulaire accolé au cercle de la cathédrale. Cet espace, zone de « préparation » avant d'entrer dans le sanctuaire, est clairement séparé du cylindre de la cathédrale et fait le lien entre deux mondes. Lointain écho du porche des églises romanes, cette entrée interprète en les dépouillant de toute sculpture les voussures◆ des portails. Ces « voussures » s'affirment comme un élément plastique très fort sur lequel viennent jouer les contrastes d'ombre et de lumière. Surmonté de petites ouvertures rectangulaires étroites, que l'on retrouve sur la façade voisine à une échelle plus grande, et qui s'apparentent à des meurtrières, ce passage ménage la transition entre l'aspect fortifié de l'extérieur, armure protectrice, et l'intérieur de la cathédrale.

Face nord-ouest.

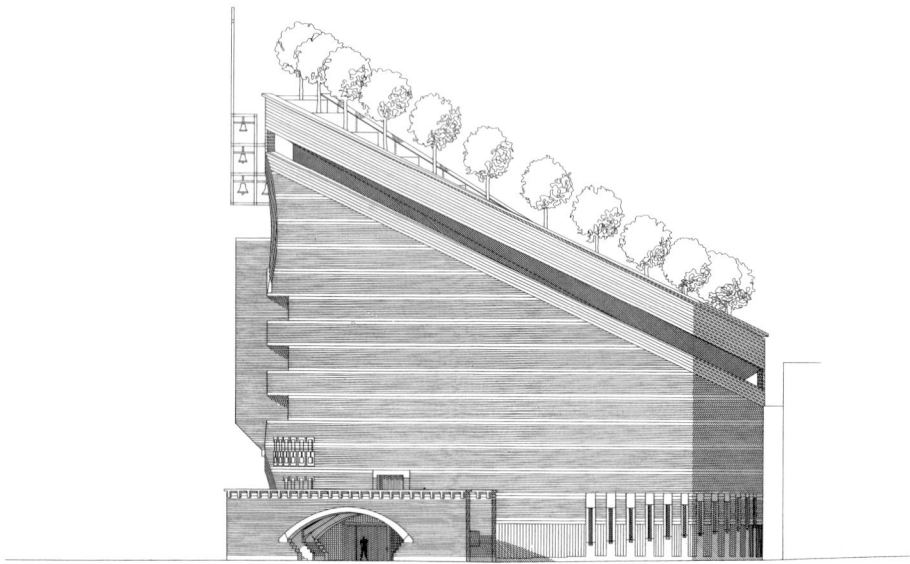

Face sud-ouest.

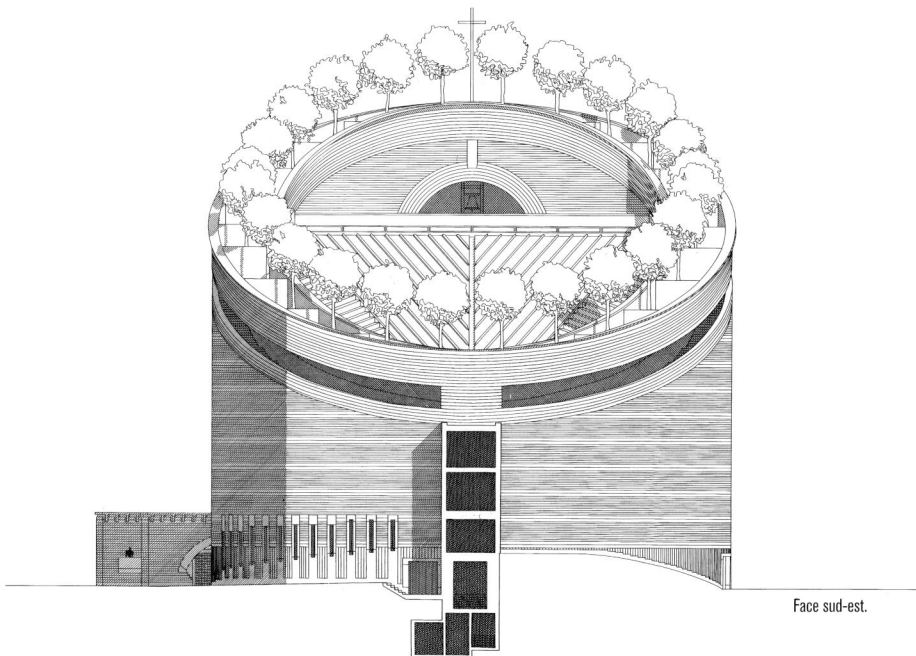

Face sud-est.

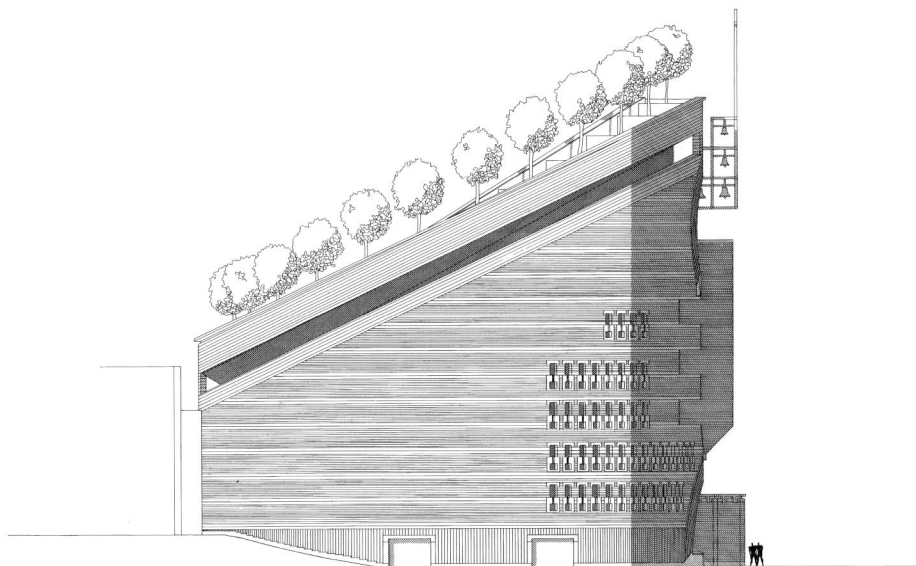

Face nord-est.

Histoire

Extérieur

Intérieur

Annexes

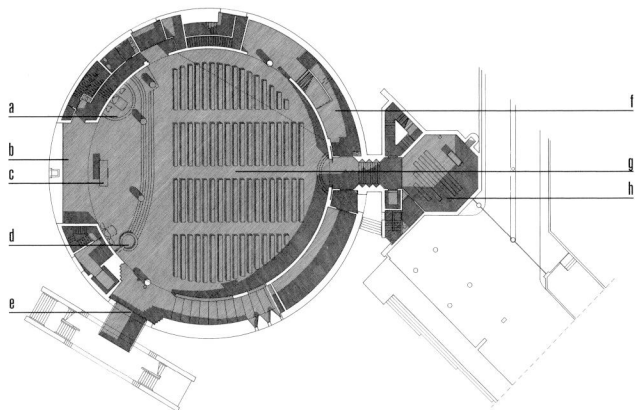

a
b
c
d
e
f
g
h

1

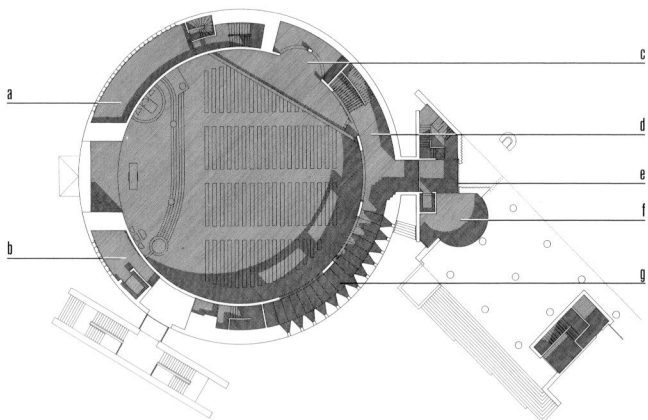

a
b
c
d
e
f
g

2

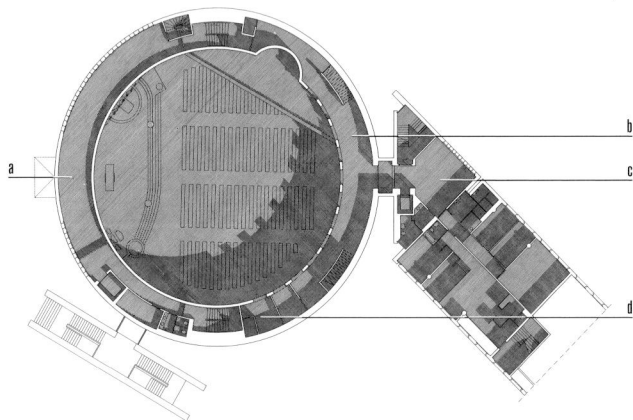

a
b
c
d

3

Le plan circulaire

De prime abord, cet espace circulaire peut dérouter, car il est à l'opposé du plan en croix latine ✦ traditionnel, où toutes les lignes de l'architecture depuis le narthex ✦ conduisent le fidèle jusqu'au chœur. Le plan circulaire a cependant été utilisé à la basilique Sainte-Sophie de Constantinople, à la cathédrale Saint-Front de Périgueux et, plus récemment, à la cathédrale Notre-Dame-de-Fatima à Brasilia, construite par Oscar Niemeyer (né en 1907).

Forme privilégiée dans l'œuvre de Botta, le plan circulaire est pour lui le plus à même de suggérer l'infini et donc le sacré. « Je me suis inspiré de la grande tradition chrétienne orientale et byzantine, avec ses plans circulaires ou en croix grecque ✦, mais sans autel ✦ central, et de la tradition occidentale avec son système à croix latine. J'ai cherché à mêler ces deux typologies. » Néanmoins, dans la nef, l'orientation de la cathédrale est marquée par un renflement de la paroi intérieure au nord-ouest, au pied duquel est placé l'autel qui se situe dans l'axe de l'entrée. L'abside ✦, qui d'habitude ressort vers l'extérieur du bâtiment, est ainsi virtuellement présente au cœur de la cathédrale.

Évry :
1. Plan
   rez-de-chaussée
   - 2.20 / 0.00

a cathèdre
b vitrail de l'autel
c autel
d baptistère
e entrée
f sacristie
g nef
h chapelle du Saint-
   Sacrement

2. Plan niveau
   + 2.50 / + 4.00

a administration
   du Centre d'art
   sacré
b entrée et accueil
   du Centre d'art
   sacré
c orgue
d galerie
e entrée supérieure
   de la cathédrale
f accueil
g vitraux latéraux

3. Plan niveau
   + 5.50 / + 7.00

a administration
   du Centre d'art
   sacré
b galerie
c administration
   (bureaux
   et logement
   du gardien)
d locaux de la régie
   et de projection

4. Villeurbanne
(Rhône),
Maison du livre,
de l'image et du son,
1986-1988.

Le puits de lumière
au centre du bâtiment
ajoute une dimension
symbolique
à l'univers rationnel
de ce temple
du savoir.

5. Évry :
les fondations
en septembre 1992.

Page 28 : Évry,
le triangle de la
toiture et les verrières
semi-circulaires.

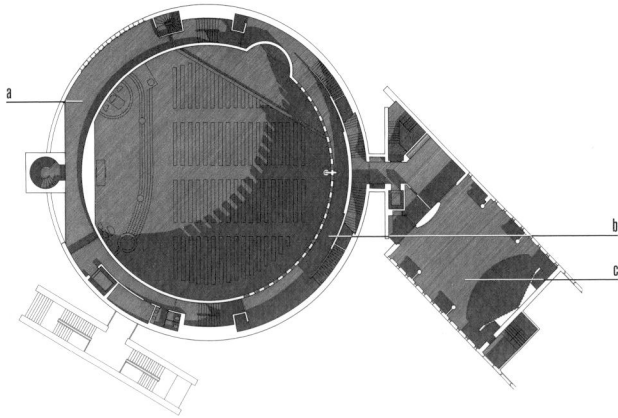

a

b

c

1

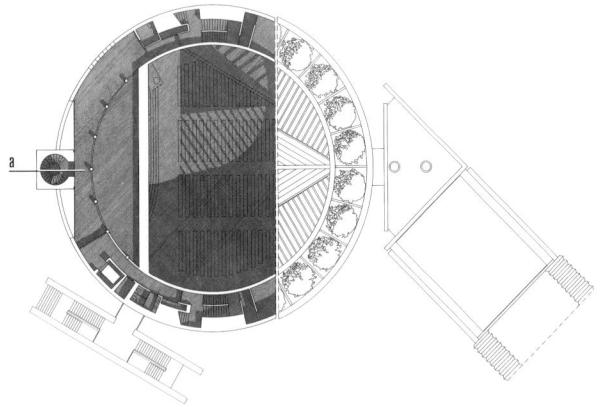

a

2

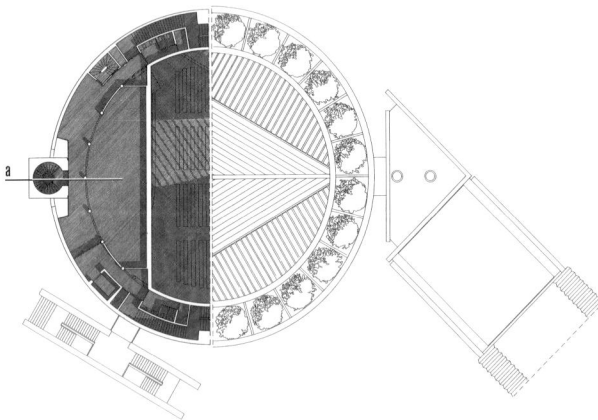

a

3

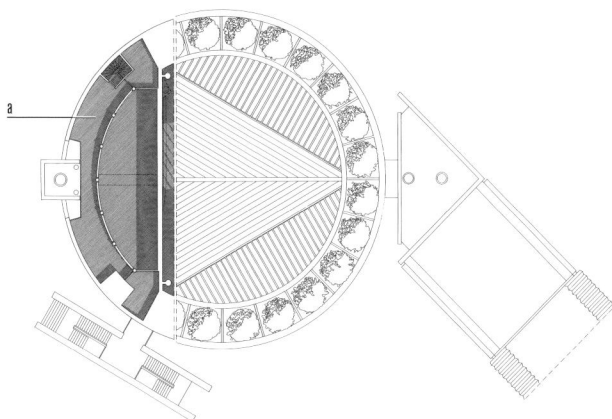

4

Évry :
1. Plan niveau
   + 8.50 / + 10.00

a galerie haute
b salle
   de conférences
c bureaux
   et documentation
   du Centre d'art sacré

2. Plan niveau + 16.70

a salle de projection
   du Centre d'art sacré

3. Plan niveau + 20.40

a salle de conférences
   du Centre d'art sacré

4. Plan niveau + 23.10

a mezzanine sur salle
   de conférences
   du Centre d'art sacré

5. Plan niveau + 25.90

a terrasse
b jardinière

5

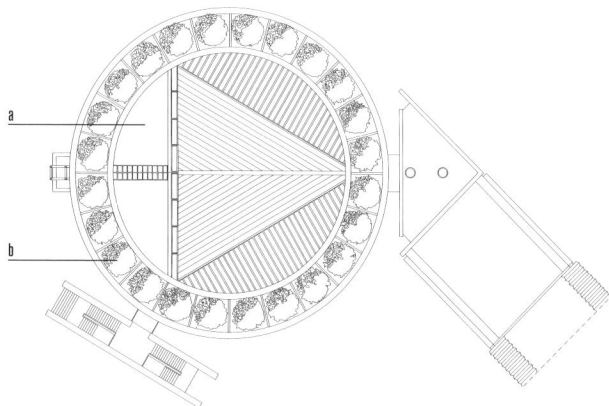

Architecte : Mario Botta.
Maître d'ouvrage : Association
diocésaine de Corbeil-Essonnes,
Mgr Guy Herbulot et père Alain Bobière.
Maître d'ouvrage délégué : Les Nouveaux
Constructeurs, Suresnes (Hauts-de-Seine).
1988 : premiers dessins et études.
1989 : souscription de 200 000 donateurs.

1989-1991 : élaboration du projet définitif.
1991 : bénédiction et pose de la première
pierre à Pâques.
1992 : début du chantier.
1995 : fin des travaux, première messe
et ouverture au public.
1996 : inauguration le 2 mai.
1997 : consécration le 8 mai.

Coût total : 10,7 M€ (70 MF).
Emprise au sol : 1 600 m^2.
Diamètre extérieur : 38,40 mètres.
Diamètre intérieur : 29,30 mètres.
Hauteur : 17 à 34 mètres.
Briques apparentes : 670 000 pièces.
Arbres : 24 tilleuls argentés
de 5 à 6 mètres de hauteur.

1. État du chantier en février 1994, avec mise en place de la chemise de briques.

2. Vue aérienne de la cathédrale du côté de la place des Droits-de-l'Homme-et-du-Citoyen.

3

3. Coupe
en axonométrie.
« J'ai réalisé que plus
les formes semblaient
simples, plus elles
étaient difficiles à
traiter, si vous ne
voulez pas en faire
des caricatures. Il en
est ainsi si vous voulez
donner une orientation
à un cylindre.
Le philosophe
Heidegger disait que
l'homme "habite" dès
qu'il a la possibilité
de s'orienter dans
l'espace. Je pense
qu'il donne là une
très belle définition. »

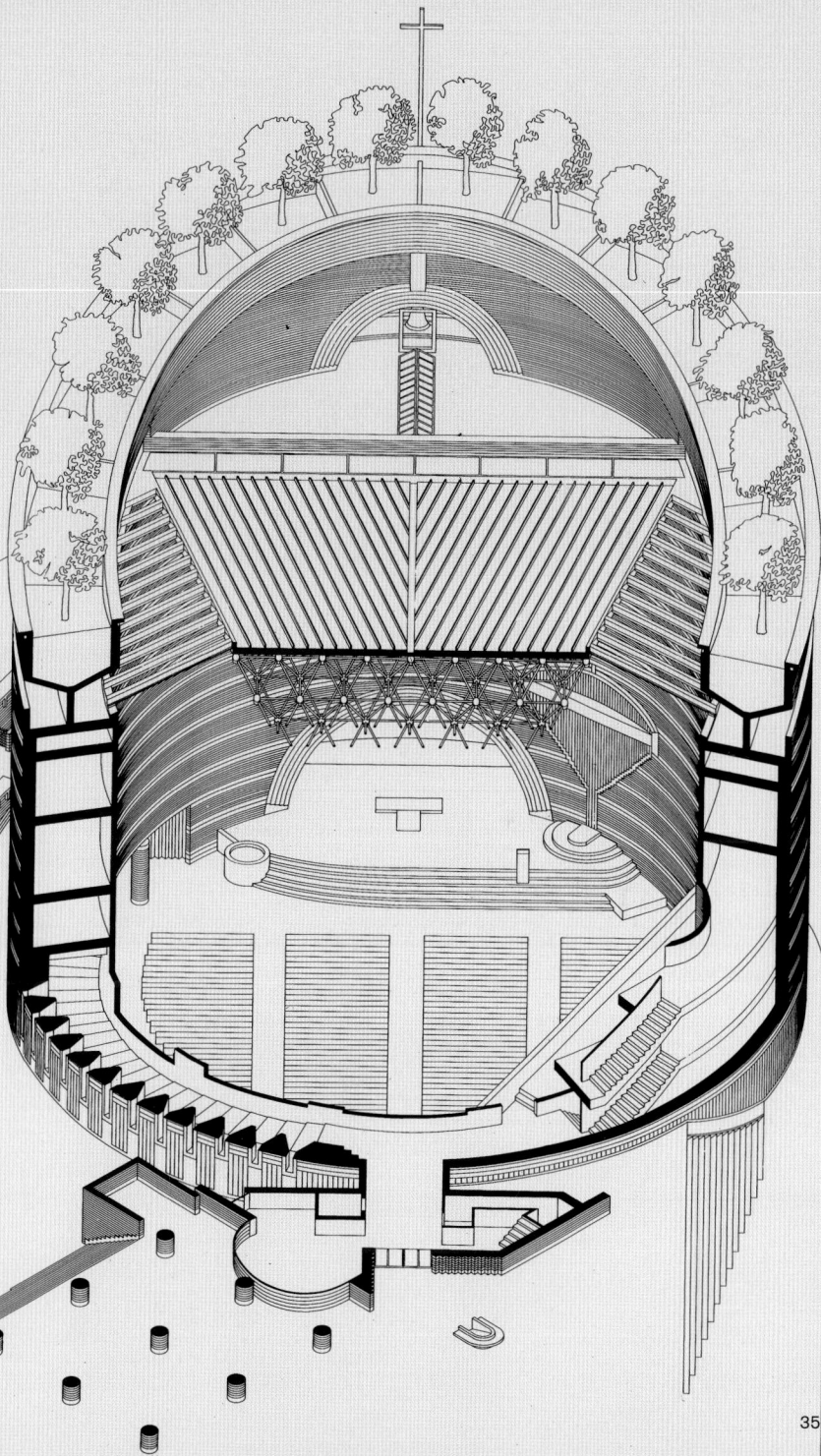

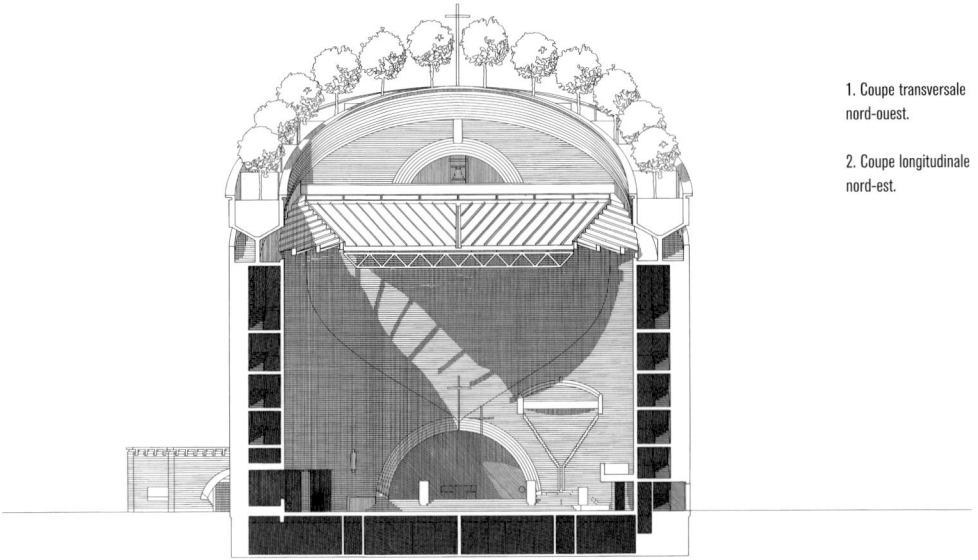

1. Coupe transversale nord-ouest.

2. Coupe longitudinale nord-est.

1

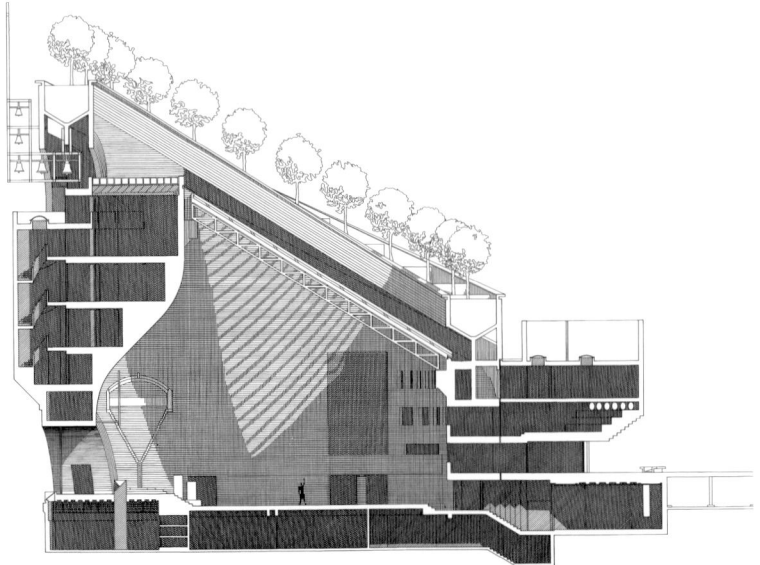

2

3. Coupe transversale
sud-est.

4. Coupe longitudinale
sud-ouest.

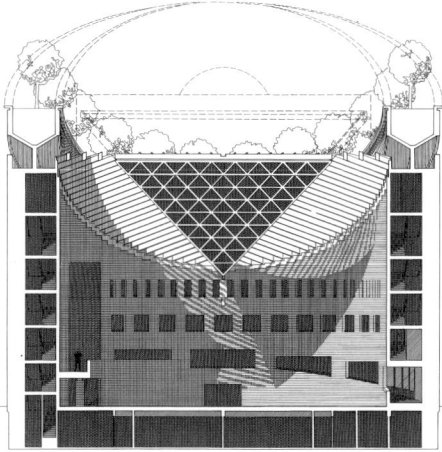

3

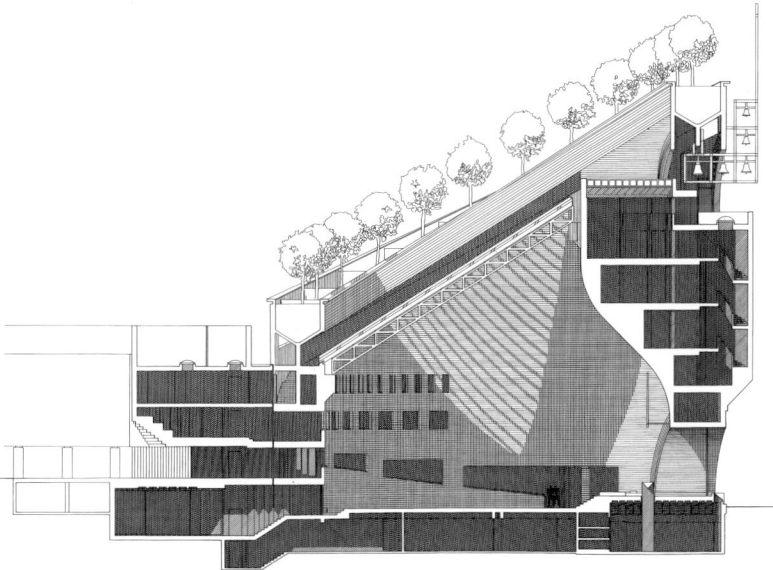

4

La galerie-déambulatoire

La galerie-déambulatoire ✦, courbe descendante, a pour fonction première d'introduire à l'espace sacré de la cathédrale, que l'on découvre à travers de larges ouvertures horizontales ; douze étroites baies verticales ornées de vitraux du père Kim En Joong, dominicain d'origine coréenne, filtrent la lumière venant de l'extérieur.

Par leurs dimensions, les marches contraignent à ralentir le pas. Cette progression introduit à la dimension spirituelle de l'édifice, baigné par la lumière zénithale. La galerie conduit au cœur de l'édifice, à l'intersection du chœur et de la nef, d'où l'on découvre pleinement l'extraordinaire espace circulaire, de 29,30 mètres de diamètre, qui paraît se dilater dans la lumière.

En bas de la galerie, trois plaques d'aspect jaspé, œuvre réalisée par Jean-Christophe Guillon dans des coupes de bois pétrifié provenant de l'Arizona, évoquent l'arrestation, la mort et la résurrection du Christ. Deux arcs de bronze rappellent la couronne d'épines et portent gravés les chiffres des stations du chemin de croix.

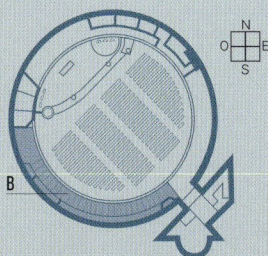

B Galerie-déambulatoire

1. Départ de l'escalier de la galerie courbe, composé de petites marches espacées au pas d'âne.

2. La montée d'escalier de la galerie, vue depuis les fonts baptismaux du chœur.

3. La galerie à mi-course, éclairée par les vitraux de Kim En Joong.

4. Vue partielle de l'abside et de la nef avec le buffet d'orgue.

Pages 42-43 : vue d'ensemble du chœur.

4

41

Le chœur

La galerie descendante conduit tout d'abord
au baptistère qui fait face à l'assemblée des fidèles,
illustrant ainsi le caractère communautaire du rituel
du sacrement ✦ du baptême dans l'esprit du concile ✦
Vatican II ✦.

Large et profond, le baptistère permet le baptême
par immersion ✦. En marbre blanc de Carrare,
il tranche résolument sur le sol de granit noir,
et sa forme circulaire reprend en écho le plan de
la cathédrale qui renvoie aux premiers baptistères
de la chrétienté. Au-dessus, se détache sur la brique
une Vierge de pitié en bois, du XVIᵉ siècle, provenant
probablement de Chaource en Champagne (école
de Troyes).

Le chœur est séparé de la nef par six marches qui
en délimitent l'espace. Il est éclairé par une verrière
en hémicycle créée par Botta, qui représente un
arbre de vie stylisé. Cette source de lumière latérale
qui troue la compacité du cylindre de la cathédrale
n'avait pas été prévue à l'origine par l'architecte ;
elle a été souhaitée par l'évêque : le vitrail
qui transmue la lumière naturelle en lumière divine
est un symbole très fort de spiritualité.

D   Chœur

1. La taille de la cuve
en marbre blanc
de Carrare permet
de procéder
au baptême
par immersion.

2. Célébration par
le pape Jean-Paul II,
le 22 août 1997,
à l'occasion des
Journées mondiales
de la jeunesse.

1

2

L'autel symbolisant le lieu du sacrifice est au centre de la cathédrale. Monolithe, en marbre de Carrare, il est profondément ancré dans le chœur de la cathédrale, jaillissant de la crypte située juste au-dessous de lui.

Contrastant avec la monumentalité de l'autel, l'ambon ✦ est en bois ; l'architecte ne lui a pas attribué de position précise. « La situation pour le lieu de parole est selon moi différente, car il est dans un certain sens moins déterminé. Je vois plusieurs lieux de la parole, celui de l'évêque tout près de la cathèdre ✦, celui du prêtre au milieu du sanctuaire et celui de l'animateur qui se distingue encore des autres. »

À gauche de l'autel, le tabernacle ✦ a été conçu par l'artiste Louis Cane qui a représenté sur trois de ses faces des symboles bibliques.

On doit au même artiste le chemin de croix qui semble se fondre dans la courbe de brique refermant l'espace de la nef.

La cathèdre, en chêne, n'est pas placée au centre du chœur comme on aurait pu l'attendre. Cependant, loin d'être reléguée à la périphérie du chœur et à première vue semblant s'effacer devant l'autel, elle se trouve magnifiée par l'éventail de brique qui se déploie au-dessus d'elle et par l'estrade en hémicycle sur laquelle elle repose. La place de l'évêque, ainsi, n'est plus marquée seulement par un siège, mais elle s'inscrit dans la structure même de l'architecture.

À droite de la cathèdre se dresse la statue de saint Corbinien, saint patron de la cathédrale ayant vécu au VIIIᵉ siècle, due au couple de sculpteurs France et Hugues Siptrott's.

1

2

3

1. Tabernacle de forme carrée, orné sur trois de ses faces de symboles bibliques inspirés de l'iconographie des premiers chrétiens - œuvre de Louis Cane (1995).

2. Statue de saint Corbinien, réalisée en bronze par France et Hugues Siptrott's.

3. Figure du Christ en croix au-dessus de l'autel - bois provenant de Tanzanie (XIXᵉ siècle).

4. Le trône épiscopal et les sièges des assesseurs.

Pages 48 et 49 : les bancs en bois blond de Bourgogne baignés par la lumière zénithale ; les bancs latéraux épousant la courbe de la galerie.

4

La nef

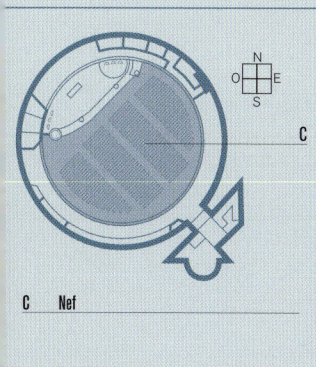

C   Nef

1. Le chœur vu depuis la nef, avec, de gauche à droite, la cuve baptismale, le maître-autel, le trône épiscopal et les sièges des assesseurs devant le dais figuré par le dessin de la brique.

Pages 52-53 : vue d'ensemble depuis le chœur.

Face à l'autel, les ouvertures des galeries hautes, dites *matronei*, se réfèrent aux loges qui abritaient les jeunes filles et les matrones dans les églises primitives italiennes. La tribune d'orgue est destinée aux choristes. Les variations de la lumière magnifient la simplicité du matériau – la brique des murs, le chêne clair du mobilier.

Face au chœur, la nef se déploie en hémicycle avec une certaine théâtralité, renforcée par les tribunes installées dans deux étages de galeries qui permettent de faire passer la capacité d'accueil de la cathédrale de huit cents à mille cinq cents places. Cette théâtralité certaine, qui emprunte son dispositif au théâtre de l'espace culturel André-Malraux à Chambéry, aide à la participation active de l'assemblée et à la communication entre célébrants et fidèles, telles qu'elles ont été largement définies par le concile Vatican II. L'acoustique de la cathédrale est à cet égard exceptionnelle. Le caractère absorbant des briques, dû à la porosité de leur surface, permet de maîtriser le temps de réverbération ♦, de mieux diffuser la réflexion des sons dans l'espace et favorise ainsi l'acoustique, *a priori* desservie par la forme cylindrique. L'orgue est installé dans une niche ménagée dans l'épaisseur de la brique et supporté par un balcon où prennent place les choristes.

Le mobilier en chêne de Bourgogne a été intégralement conçu par Botta. Par sa sobriété, il tempère l'effet de théâtralité que peut dégager le sanctuaire. L'alignement régulier des bancs de bois blond génère une impression de calme et invite au recueillement. Leur simplicité, qui rappelle l'humilité du premier aménagement liturgique réalisé par Botta en 1967 dans la chapelle de Bigorio, est magnifiée par la lumière.

Botta conçoit toujours le mobilier comme un élément plastique fort, faisant partie intégrante de l'architecture. Tout comme l'assemblage des briques couronnant la cathèdre contraste avec celui du chœur, l'alignement rectiligne des bancs apporte à la cathédrale une orthogonalité inédite qui vient équilibrer et contenir le dynamisme de la forme circulaire.

La chapelle du jour, dite « du Saint-Sacrement »

La chapelle du jour, unique chapelle de la cathédrale, est un espace plus intime, dont la faible luminosité incite à la prière et au recueillement. Sa forme octogonale s'inscrit dans une tradition architecturale ancienne – le chiffre huit est considéré comme symbole d'harmonie – dont relèvent, entre autres, la basilique San Vitale de Ravenne ou la chapelle Palatine d'Aix-la-Chapelle, jusqu'à la chapelle Rothko à Houston. Également présent dans la crypte, le plafond à caissons – thème issu de l'architecture romaine repris dans de nombreuses cathédrales italiennes (à Pise, notamment) – inscrit plus encore la chapelle dans l'Histoire. Au sol, l'alternance de dalles de granit polies ou brutes évoque de façon très stylisée le motif du labyrinthe de Notre-Dame de Chartres. La Vierge à l'Enfant, le crucifix et le tabernacle en fer forgé et bronze doré ont été conçus par Gérard Garouste.

2

3

1. Vue d'ensemble de la chapelle.

La chapelle, élevée sur un plan octogonal, constitue un lieu propice à la prière et à la méditation.

2 et 3. Le tabernacle et la Vierge à l'Enfant sont dus à Gérard Garouste.

« La Vierge est traitée en thème floral, avec des roses… J'ai songé à ces silhouettes couvertes de robes superposées des Vierges andalouses. J'ai travaillé le drapé avec du fer forgé, matière brute, en contrepoint aux visages qui sont habités d'une expression de douceur, souriants, presque timides. Tout ce qui est fin est traité à la feuille d'or. »

4. Vue perspective de la nef depuis le vestibule de la chapelle.

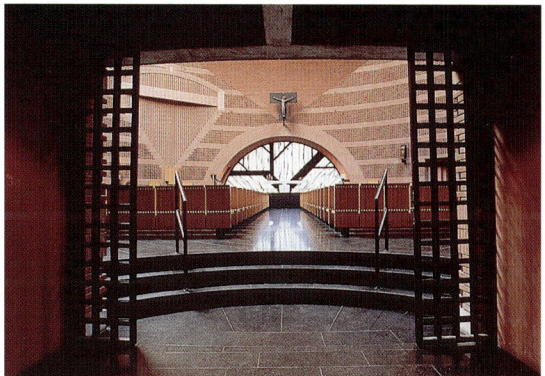

1

4

La crypte

Destinée à abriter les tombeaux des évêques et donc à devenir le lieu de la mémoire de la cathédrale, la crypte joue un rôle architectural et symbolique important : ancrée dans la terre, dans les fondations mêmes de l'édifice, elle est traversée par un pilier de béton qui jaillit jusqu'au chœur et soutient la table de l'autel. Tout le dispositif architectural de la cathédrale, depuis la crypte jusqu'à la verrière zénithale, invite ainsi à l'élévation spirituelle, répondant à la mission que s'est fixée Botta : « Je crois que c'est là le sens le plus profond du sacré que puisse transmettre un architecte : tendre à faire que ce qui est bâti devienne un instrument de la relation spirituelle. L'architecte n'a d'autre mission que celle de donner un espace (fertile-spirituel) à la célébration de l'office divin. »

(Pour des raisons de sécurité, la crypte n'est ouverte qu'à des groupes restreints ou en prenant rendez-vous préalablement.)

1. Pilier traversant la voûte de la crypte pour soutenir le maître-autel du chœur.

2 et 3. Le mur du fond de la crypte divisé en caissons destinés à abriter les tombeaux des évêques et l'autel lui faisant face.

Mario Botta

(La date indiquée pour chacun des édifices est celle de l'élaboration du projet.)

Maison du livre,
de l'image et du son,
Villeurbanne
(Rhône).

Maison à Massagno
(Suisse).

Cathédrale
de la Résurrection
à Évry (Essonne).

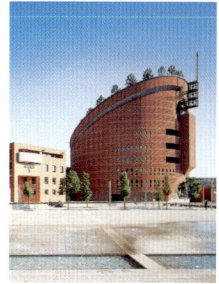

1943 Naît à Mendrisio, ville
du Tessin (Suisse), région
natale des architectes
Francesco Castelli, dit
Borromini (1599-1667),
et Domenico Trezzini
(1670-1734).
Quitte le lycée à l'âge
de quinze ans pour
apprendre le dessin
technique avant d'entrer
au lycée artistique
de Milan.
À l'Institut universitaire
d'architecture de Venise,
il découvre l'œuvre
de Carlo Scarpa (1906-
1978), de Louis Kahn
(1901-1974) et de Charles-
Édouard Jeanneret, dit
Le Corbusier (1887-1965),
qui auront une influence
profonde sur son art :
« Avec ces trois maîtres,
je suis condamné à bien
faire. »

1965 Travaille dans l'agence de
Le Corbusier sur le projet
– non réalisé – d'un hôpital
au Dorsoduro à Venise.

1969 Diplômé d'architecture,
il crée son agence
à Lugano (Suisse).

1982 Espace culturel
André-Malraux
à Chambéry (Savoie).

1984 Maisons familiales
à Massagno et Stabio
(Suisse).

1985 Galerie d'art Watari-um
à Tokyo (Japon).

1986 Maison du livre, de l'image
et du son à Villeurbanne
(Rhône), dans le cadre
des Grands Travaux.
Exposition personnelle
au musée d'Art moderne
(MOMA) de New York
(États-Unis).

1986 Église San Giovanni
Battista à Mogno
(Suisse).

1987 Église San Pietro Apostolo
à Sartirana di Merate
(Italie).

1988 Cathédrale de la
Résurrection à Évry
(Essonne).

1989 Musée d'Art moderne de
San Francisco (États-Unis).

1990 Chapelle Santa Maria
degli Angeli à Monte
Tamaro (Suisse).

1992 Centre Friedrich-
Dürrenmatt à Neuchâtel
(Suisse).

1993 Musée Tinguely à Bâle
(Suisse).
Musée d'Art moderne
et centre culturel
à Rovereto (Italie).

1995 Bibliothèque municipale
de Dortmund (Allemagne).

1996 Synagogue Cymbaliste
et centre culturel juif
à Tel Aviv (Israël).

1998 Église de l'aéroport
Malepensa 2000
(Italie).

Glossaire

Abside
Extrémité du volume intérieur du chœur, de forme incurvée ou à pans.

Ambon
Tribune servant à la lecture de l'épître et de l'Évangile.

Autel
Table où l'on célèbre l'eucharistie ; centre autour duquel s'organise le culte.

Cathédrale
Église où siège l'évêque, lieu de célébration des fêtes majeures et de l'ordination des évêques.

Cathèdre
Siège de l'évêque symbolisant sa dignité.

Concile
Assemblée des évêques.

Déambulatoire
Galerie établie autour du chœur, équivalent des bas-côtés pour la nef.

Grecque (croix)
Croix dont les quatre bras sont de taille égale.

Immersion
Baptême pratiqué en plongeant le corps en totalité dans une cuve baptismale, un lac ou une rivière.

Latine (croix)
Croix dont le bras inférieur est plus long que les trois autres.

Modernisme
Mouvement se réclamant de l'architecture fonctionnelle, dépouillée de tout académisme et de tout décor superflu ; tendance née dans les années vingt à l'instigation de Le Corbusier, Walter Gropius, Ludwig Mies van der Rohe.

Mur d'échiffre
Mur bordant un escalier.

Narthex
Vestibule ou porche fermé, situé en avant de la nef des églises paléochrétiennes et romanes.

Postmodernisme
Tendance architecturale apparue dans le dernier quart du XXᵉ siècle et revendiquant la liberté formelle et l'éclectisme, en réaction contre la rigueur du mouvement moderne.

Sacrement
Signe sacré institué par Jésus-Christ pour donner ou abonder la grâce dans les âmes.

Tabernacle
Réceptacle généralement fermé où sont conservées les hosties consacrées.

Temps de réverbération
Durée d'un son dans l'espace.

Vatican II
Assemblée œcuménique tenue dans la basilique Saint-Pierre de Rome de 1962 à 1965 afin d'assurer le renouveau de l'Église catholique romaine face à l'évolution du monde moderne.

Villes nouvelles
Entités urbaines mises en place à partir des années soixante pour décongestionner le centre de Paris et créer des centres industriels et commerciaux.

Voussure
Arc d'encadrement d'un portail.

Bibliographie

Monographies

Botta (Mario),
La Cathédrale d'Évry,
Milan, Skira, 1996
rééd., 2000).

Cinque Architetture,
Milan, Skira, 1996.

The Complete Works,
1990-1997,
Bâle, Birkhäuser, 1998.

Églises d'aujourd'hui,
patrimoine de demain,
colloque sur l'architecture
religieuse contemporaine,
Paris, Éditions CLD, 1998.

Bâtiments publics,
Milan, Skira, 1999.

Longuet (Jacques),
Autour d'une cathédrale,
Paris, Médiaspaul, 1995.

Mollard (Claude),
La Cathédrale d'Évry,
Paris, Éditions Odile Jacob,
1996.

Généralités

Barral i Altet (Xavier), dir.,
Artistes, artisans et production
artistique du Moyen Âge,
Paris, Picard, 1986-1989.

Chevalier (Michel),
La France des cathédrales
du IVᵉ au XXᵉ siècle,
Rennes, Ouest-France
Université, 1997.

Duby (Georges),
Le Temps des cathédrales,
Paris, Gallimard, 1976.

Du Colombier (Pierre),
Les Chantiers des cathédrales,
Paris, Éditions A. et J. Picard,
1973.

Erlande-Brandenburg (Alain),
La Cathédrale,
Paris, Fayard, 1989.

Quand les cathédrales
étaient peintes,
Paris, Gallimard, collection
« Découvertes », 1993.

Florisoone (Michel),
Dictionnaire des cathédrales
de France,
Paris, Librairie Larousse,
1971.

Gimpel (Jean),
Les Bâtisseurs de cathédrales,
Paris, Le Seuil, 1980.

Grodecki (Louis),
Architecture gothique,
Paris, Gallimard/Electa,
collection « Histoire
de l'architecture », 1992.

Hofstätter (Hans H.),
Gothique,
Fribourg, Office du livre,
1964.

Leniaud (Jean-Michel),
Les Cathédrales au XIXᵉ siècle,
Paris, Economica, 1993.

Prache (Anne),
Cathédrales d'Europe,
Paris, Citadelles et
Mazenod, 1999.

Recht (Roland), dir.,
Les Bâtisseurs de cathédrales,
cat. exp., Strasbourg, 1981.

Le Monde gothique,
Paris, Gallimard,
collection « L'univers
des formes », 1987-1993.

Le Croire et le Voir. L'art
des cathédrales XIIᵉ-XVᵉ siècle,
Paris, Gallimard,
collection « Bibliothèques
des Histoires », 1999.

Coordination éditoriale ----------------------------------
-------------------------------------- **Vincent Bouvet**

Coordination iconographique -------------------------
--------------------------------------- **Claude Malécot**

Correction --
-- **Philippe Rollet**

Suivi de fabrication ------------------------------------
-- **Carine Merse**

Couverture --
------------ **Atelier de création graphique, Paris**

Conception graphique ----------------------------------
-- **Delfe, Paris**

Photogravure --
-------- **Scann'Ouest, Saint-Aignan-de-Grand-Lieu**

Impression --
------------------------- **Néo-Typo, Besançon, France**

Dépôt légal 1ᵉ édition ---------------------------------
--- **juin 2000**

Édition revue et corrigée -----------------------------
-- **janvier 2004**

Toutes les photographies contemporaines
de la cathédrale d'Évry sont de Jean-Luc Paillé/CMN, sauf :
AFP/Jacques Demarthon : 45
Archipress : 59d
Centre Georges-Pompidou/Pierre-Yves Brest : 23-24
Bruno Delamain : 16
J. Orta : 2
Dominique Planquette : 14b, 18h, 19b, 21, 31b, 39b

Plans et élévations fournis par l'agence de Mario Botta

Autres photographies :
Mario D'Anna : 6, 58
Archipress/Reha Gunay : 10b ; Michel Moch : 39h
BNF : 19c
Robert Canfield : 17
Enrique Cano : 8hg
CMN/Patrick Cadet : 19h ; Jean Feuillie : 10d ; Ganne : 10g
© Louis Kahn : 11hd et b
Médiathèque de l'architecture et du patrimoine : 11hg
Pino Musi : 8c, 17c, 31h, 59g
Maurizio Pelli : 89
Alo Zanetta : 8d, 59c